Herbert W. Rode

Mein Weg ins Tief -
und wieder raus!

... Depressionen ...

Herbert W. Rode

Mein Weg ins Tief - und wieder raus!

...Depressionen...

Vorwort

Betrogen in der Ehe – Scheidung – „Rosenkrieg" – Verlust des Arbeitsplatzes – Suizid der neuen Lebenspartnerin – Verlust des Eigentums --- Schwitzattacken, Panikattacken, dissoziative Störungen, Depressionen, Bluthochdruck, Migräneattacken --- Therapien --- Neue Ziele, Neubeginn...

Es ist keine medizinisch begründete Abhandlung, die vor Ihnen liegt. Es ist mehr eine kurzgefasste Beschreibung von dem Teil eines meiner Lebensabschnitte – rund 25 Jahre - in dem mein Lebensweg in ein vorher ungeahntes Tief führte, doch in dem ich auch wieder aus diesem Tief herausfand.

Ich bin heute Mitte 60. Ich machte über viele Jahre die „Bekanntschaft" mit Depressionen, die mein Leben sehr verändert haben. Auf dem Weg dorthin bemerkte ich nicht die Zeichen, dieser schlimmen Krankheit. In der tiefsten Phase verlor ich fast alles, was mein Leben ausgemacht und gestützt hat.

Und doch kam ich dann wieder langsam auf einen Weg, der wesentlich dazu beitrug, dass ich, wie ich heute sagen kann, mich von dieser Krankheit „Depressionen" wieder lösen konnte. Mein Leben hat sich wieder verändert, zum Jetzt, ins Positive.

Meine „Geschichte" beschreibe ich nicht bis ins Detail. Ich habe versucht, nur die wesentlichen Ereignisse und Gegebenheiten, die mich in dieses Tief geführt haben - und wieder heraus, hier niederzuschreiben. Vielleicht erkennt sich der ein oder andere wieder. Jeder der in ein Tief geraten ist, hat seinen eigenen

Weg, seine eigene „Geschichte" dazu, doch viele der Symptome, die einen begleiten sind gleich oder ähnlich. Vielleicht kann ich dem ein oder anderen helfen, Zeichen zu erkennen. Was mein guter Ratschlag sein soll, ist, wenn Sie das Gefühl haben, da ist etwas in Ihnen, was Sie in eine negative Richtung führt, dass Sie dann einen Arzt aufsuchen und versuchen, in aller Offenheit und Vertraulichkeit mit ihm Ihre Probleme zu besprechen...

In dem was vor Ihnen liegt, habe ich alle Personen - auch mich - sowie Berufe, Orte etc. anonymisiert. Es ist mir wichtig so. Es geht mir um die Folgen von falschen Handlungen in meinem Leben und um die Folgen, die sich daraus ergaben. Es geht mir um meine Begegnung mit der tückischen Krankheit: **Depressionen!**

Ein schöner Satz von Sören Kierkegaard:

„Das Leben kann man nur vorwärts leben, das Leben verstehen nur rückwärts."

Zeichen

„Ich muss hier raus… ich muss hier weg… ich kann hier nicht mehr sein… diese Fröhlichkeit erdrückt mich… bitte komm mit!"

Das waren in etwa meine Worte zu Dorit (alle Namen sind geändert), meiner Ex, vor zirka 15 Jahren. Wir waren bei der Hochzeitsfeier der Tochter von damaligen Freunden, in einer Scheune eines Bauernhofes, die für Feiern dieser Art präpariert war. Es war fast Mitternacht und Dorit redete auf mich ein, dass es doch nach Mitternacht noch Überraschungen bei dieser Feier gibt und die Hochzeitstorte und und und… Alles ließ mich mächtig kalt. Ich kannte mich selbst nicht so! – Vorher tanzten wir noch und hatten viel Spaß, bis Dorit doch ein bisserl zu intensiv mit einem ihrer Kollegen tanzte. Früher störte mich es nie so sehr und an diesem Abend konnte ich es auch gar nicht so richtig für mich erklären, dass diese Fröhlichkeit wie ein enges Korsett wirkte – mich fast zu erdrücken schien, meine Seele quetschte – alle positiven Emotionen waren wie eingefroren.

Ich konnte Dorit dann doch davon überzeugen, mit mir nach Haus zu gehen. Am anderen Tag war alles wieder okay. Das, was mich in der letzten Nacht überfallen hatte, war wie weggeblasen und es war mir peinlich, dass ich so reagiert hatte. – Damals hatte ich keine blasse Ahnung davon, dass dieses etwas mit Depressionen zu tun hatte. Depressionen, ich kannte das Wort, aber auch nicht viel mehr darüber!

Wie kam ich auf diesen Weg zu diesem Punkt und später auch noch weiter und tiefer in alles hinein?

Es war das Jahr 1999 und wir waren damals schon 25 Jahre verheiratet. Wir hatten zwei fast erwachsene Kinder. Beide waren wir beruflich in guten Positionen und wir hatten uns über all die Jahre ein gutes Leben aufgebaut – mit einem schönen Haus und mit Urlaub wohin wir wollten. Unsere beiden Kinder waren fast fertig mit dem Abitur und auch die weiteren beruflichen Wege der Beiden hatten gute Ziele.

Wenn man ständig an einem dicken Seil mit einem scharfen Messer ritzt, wird auch so ein Seil mal dünner und reißen… - so war es mit meiner Seele!

Dorit hatte immer schon gewisse Ambitionen mit anderen Männern zu flirten und sie genoss diese Eigenschaften von Männern, die darauf ansprangen. Am Anfang unserer Ehe – Mitte der 70er – war sie schon einmal fremdgegangen. Durch einen extremen Zufall bemerkte ich diesen Fehltritt: Nach einem Nachtdienst bei meinem Arbeitgeber wollte ich morgens zu meinem Auto gehen und nach Hause fahren. Genau in diesem Moment sah ich das Auto eines Freundes, dass vor der Firma vorbeifuhr – mit im Auto war Dorit, deren Weg hier auch zu ihren Arbeitsplatz führte. Beide bemerkten nicht, dass ich sie sah. Doch erst abends habe ich Dorit zur Rede stellen können, die mir dann alles beichtete. Sie verbrachten die Nacht zusammen in unserer Wohnung… Die Freundschaft zu ihrem nächtlichen Bettgenossen zerbrach, doch ich hielt an der Ehe zu Dorit fest, da ich Dorit eben auch sehr liebte, ich wollte das nicht aufgeben. Wir waren grad ein Jahr verheiratet…

In den nachfolgenden 15 Jahren, kamen unsere Kinder zur Welt. Ich entwickelte mich beruflich sehr weit und wir bauten ein Haus und nachdem wir das erste Haus verkauft hatten, schraubten wir nochmal alles höher und bauten ein schöneres und größeres Haus in besserer Lage.

Der Tornado unseres Lebens und unserer Liebe riss uns mit. Wir hatten Ziele und unsere Wege fanden sie.

Allerdings war das alles auch nicht ohne Hürden und Ballast. Damals gab es noch die Hochzinsphase – 12% - und die Raten für unser Haus waren hoch. Als dann Ende der 70er unser erstes Kind unterwegs war und Dorit nicht mehr ihrer Arbeit nachging, suchte ich aus meinem sicheren Arbeitsplatz, den ich auch liebte, nach einem neuen Job, bei dem ich mehr verdienen konnte. – Ich ging in den Außendienst und erreichte später die Position als Verkaufsleiter. Verdiente mehr, hatte einen Firmenwagen und andere Vergünstigungen – aber im Nachhinein muss ich sagen, dass mich diese Arbeit nicht erfüllte – ich „ergab" mich dem Schicksal, voll und ganz auch in dieser Hinsicht für die Familie da zu sein. Erst nach ungefähr 15 Jahren – Mitte der 90er - verbesserte sich unsere finanzielle Situation, zumal ich mich mit mehrmaligem Arbeitgeberwechsel finanziell auch sehr gut entwickelt hatte und auch meine Ex wieder in ihrem Beruf tätig war.

Wenn du 15 Jahre diese finanzielle Last getragen hast, kannst du kaputt sein oder gestärkt. Ich denke, dass ich in dieser Hinsicht gestärkt war, denn wir hatten uns an das Licht gegraben, mit vielen Schaufeln und mit viel Energie. Unsere Zukunft sah in finanzieller Hinsicht super aus und auch zu der Zeit war unser allgemeines Zusammenleben in der Familie in jeder Hinsicht schön.

Wie alles begann

Die 80er-Jahre. Dorit und ich führten auch in sexueller Hinsicht ein schönes offenes Leben. Offen heißt: wir konnten über alles reden und unsere gegenseitigen Wünsche und Fantasien zusammen ausleben. Sex mit anderen war kein Thema. Allerdings hatte sich Dorit auch nicht geändert und genoss weiterhin ihren Charme, auf den andere Männer ansprangen. Sie flirtete und kokettierte - im Internet habe ich zu „kokettieren" Folgendes gefunden = *„gefallsüchtig, die Aufmerksamkeit anderer erregen, um auch bei jemandem erotisches Interesse zu erregen, um sich damit interessant zu machen"* – und das traf auf Dorit 100%ig zu. Sie war so – auch beruflich. Sie wollte vorne anstehen, die Beste sein - was nicht so verkehrt ist, außer man fragt sich, auf welche Art und Weise?

Welche Auswirkungen hatte diese Eigenschaft zu der Zeit auf mich. Ich kannte Dorit ja nun schon fast 20 Jahre und bis zu einer gewissen Grenze habe ich damit leben können. Für mich war es immer wichtig, dass ich mich selbst mit dieser Art von Dorit nie verletzt fühlen wollte. Größtenteils war es so und doch gab es auch schon damals in den 70ern und 80ern Momente, die meine Seele damit nicht gerade positiv berührten – ich habe es einfach verdrängt, weggesteckt...

...und dann: Ende der 80er, Dorit war im Elternrat der Schule unserer Tochter – natürlich erzählte sie mir von den Aktivitäten, die dort abliefen und auch, dass sie mit einem Vater (Axel) dieser Klasse ein Abschlussfest organisieren sollte. Alles kein Problem. Sie trafen sich ab und zu, um die notwendigen Dinge zu besprechen. Auch kein Problem – bis –

ja, bis Dorit mir dann anvertraute, dass es zwischen den Beiden sexuell funkt. Dorit kam dann mit ihren Argumentationen, dass sie mich ja so jung kennengelernt hatte – sie war damals 15 – und dass ihr sexuell etwas fehlt. Bei mir war es nicht anders, auch für mich war Dorit bisher die einzige, mit der ich Sex hatte und immerhin hatte Dorit schon ihren Fehltritt gleich am Anfang unserer Ehe.

Wir redeten viel über dieses Thema und irgendwann gab ich nach – ich Idiot (heute weiß ich das). Wie kann man das bei mir erklären? Ich wollte Dorit stets alles geben, damit sie in unserem Leben zufrieden ist – es war zu viel! Wir stimmten uns dahingehend noch ab, dass es aber nur einziges Mal sein dürfte... sogar, dass wir alles gemeinsam mit Axel besprechen, er sollte wissen, dass ich alles weiß und es nur für einmal zulasse. Eine Freiheit in einer Ehe, die schwer zu erklären ist, nur damit, dass ich alles nur aus Liebe zuließ – so habe ich es empfunden!

Es passierte dann auch irgendwann mit den Beiden und danach war lange Zeit wieder Ruhe. Ich besprach mit Dorit, dass ich nicht „betrogen" werden will, das wäre für mich die größte Verletzung, sollte sie mal wieder diese Sehnsüchte haben, müsste ich es wissen, nur so können wir gemeinsam mit dieser Sache klarkommen... wie auch immer.

Zeichen von Depressionen

Wie war mein Zustand zu dem Zeitpunkt als Dorit mit Axel intim war? Ich wusste es ja und in diesen Stunden, als Dorit weg war, hatte ich mit einer inneren Unruhe zu tun. Später konnte ich es besser analysieren – später, als ich von all dem, von Depressionen, mehr Kenntnisse hatte. Dieser Zustand, diese innere Unruhe, hat meine Seele negativ berührt und auch verletzt. – Es sollte ja dann nicht das einzige Mal gewesen sein... Wie es der Zufall wieder mal will, du entdeckst da etwas, was große Fragen stellt. – Als ich eines Tages, einige Wochen nach dieser „Aktion", nach Hause kam, fand ich durch Zufall hinter einem Kissen auf dem Sofa einen unbekannten Schlüssel. Ich fragte Dorit und an ihrer Reaktion merkte ich sofort, dass da etwas nicht stimmte. Mir versetzte das sofort einen Stich in die Bauchgegend, auf meine Seele. Dorit beichtete mir, dass sie Besuch hatte, von Axel und dass es auch über sie gekommen war und bat mich um Verzeihung und es wird auch nicht wieder passieren und und und... - und ich verzieh ihr, wobei sie dann auch sofort wusste, wie sie mich verwöhnen konnte und es passierte auch mit uns sehr extrem auf dem Sofa oder war es auf dem Teppichboden – unsere Kinder schliefen schon und so war dann alles sehr schnell „erledigt"...

...es war dann auch zwischen Dorit und Axel erledigt - soweit ich es weiß.

Das nächste Jahr – 1991 - verlief für uns in dieser Hinsicht problemlos. Wir gönnten uns mit unseren Kindern unseren ersten Flugurlaub und lernten dabei eine liebe Familie aus der ehemaligen DDR kennen, mit denen wir dann noch viele Jahre danach einen lieben Kontakt hatten. – Für mich besteht heute noch dieser freundschaftliche Kontakt, 25 Jahre danach.

Wie ich schon geschrieben hatte, besprachen Dorit und ich all unsere alltäglichen und nicht alltäglichen Dinge und Ereignisse stets sehr gut. So sah ich es zumindest! „Freiheit" ist auch mit Offenheit und Ehrlichkeit sehr verbunden. Diese „Freiheit", die ich bei Dorit immer noch verspürte, dieses Kokettieren, war eben ein Teil von ihr. Auf der anderen Seite war es mir desto mehr wichtiger, nachdem sie ja mal wieder „fremdgegangen" war, dass die Ehrlichkeit von uns Beiden ein wichtiges Lebenselement sein sollte. Der eine sieht eine Abmachung so, der andere so... Ich vermute, Dorit sah diese Abmachung von Ehrlichkeit etwas anders. Vielleicht war es für sie ein gewisser „Druck", gesagt hat sie es mir nie...?

Eine Lawine kam ins Rollen

Auf jeden Fall nahmen viele Dinge bei uns ihren Lauf. Wir hatten mehr finanzielle Freiheit, wir hatten finanzielle Ziele und erfüllten uns nun auch mehr den ein oder anderen langgehegten Wunsch und in unserem ganz diskreten Eheleben steigerte sich auch so manches. Vielleicht war es für mich nun dieses Wissen, da meine Ehefrau auch von anderen begehrt wurde, ich war fast dauerheiß auf sie und wir lebten die ein oder andere Lust recht intensiv aus. – War es vielleicht alles eine Berechnung meiner Ex? Sie erzählten mir mehr und mehr von zwei Kollegen. Die gleiche Ebene und der ähnliche Ablauf wie vorher: Offenheit über die Flirts… „Ich möchte nicht, dass es mehr wird", sagte ich ihr „doch wenn etwas passiert, möchte ich nicht betrogen werden – ich will, dass du ehrlich zu mir bist du mir von den Dingen etwas sagst, dann können wir es gemeinsam irgendwie verkraften!" – Aus heutiger Sicht, war das wohl mein entscheidender Fehler, denn ich ließ ja zu allem eine Tür für Dorit offen und es passierte dann ja auch wieder. 3-4-5-6-7mal jedes Jahr in den gesamten 90er-Jahren.

Es kamen andere Männer, sogar aus unserem näheren Bekanntenkreis dazu. Ich wurde immer unsicherer und verlor immer mehr mein Selbstbewusstsein. Meine Seele vibrierte bei jedem Gedanken der in mir ablief über diese Sexerlebnisse von Dorit. Es kam auch weiterhin zu den Aussprachen darüber – nicht jede Kleinigkeit, doch zu viel. Sie schwärmte von der großen Männlichkeit des ein oder anderen und ich wollte mithalten. Auch ich wollte ihr sexuell mehr bieten und sie zufrieden stellen, so dass bei ihr nicht mehr diese Wünsche nach außerehelichem Sex aufkamen… Ich schaffte es nicht. So manches in unserer Ehe wurde nun kritischer, zumal ich immer unsicherer wurde. Ich verlor das Vertrauen und kontrollierte alles viel mehr… Damals gab es noch kein Handy bei uns. Telefonate über das Festnetz konnte ich mit einem Programm im Computer nachverfolgen. Ich legte in unseren Wohnräumen alles so hin, dass ich gewisse Veränderungen sehen konnte… und und und. Ich wollte wissen, ob sie mich betrügt und sicher ist wohl auch, dass Dorit sich kontrolliert fühlte.

In dieser Zeit begann es, dass ich mehr und mehr Schwitzattacken bekam. Bei etlichen Situationen: Beim Stehen in einer Warteschlange im Supermarkt, beim Frisör beim Warten und unter dem Umhang, beim Zahnarzt ebenso beim Warten und unter dem Umhang und auch fast jeden Morgen, wenn ich mich für meinen Job anzog und noch mehr, wenn ich Krawatten umlegte. Ich ließ die Krawatten dann überwiegend weg – es passte in diese Zeit, als man mehr leger rumlief. Diese Schwitzattacken bekam ich auch extrem, wenn ich u.a. bei Übernachtungen morgens im Hotel zum Frühstück ging. Mein Scham und meine Unsicherheit wegen dieser Schwitzattacken, der nasse Schweiß auf der Stirn, jeder schaut einen an – brachten mich dann dazu, dass ich auch diese Situationen vermied. Jahre später erfuhr ich dann, dass diese Vermeidungstaktik die großen Fehler solcher Attacken sind. Man gerät mehr und mehr dadurch in das Tief und der Ablauf und die Symptome werden heftiger…

Zu diesen Schwitzattacken kamen bei mir mehr und mehr Rückenschmerzen. Muskeln arbeiten immer und über die psychischen Probleme, ergeben sich schnell Verkrampfungen im Muskelbereich. Auch hier sieht man dann dafür meist andere Ursachen: vieles Sitzen, falsche Körperhaltungen etc. – Die Psyche hat einen sehr großen Einfluss auf das gesamte körperliche Befinden. Das weiß ich im Nachhinein und der Körper findet die Schwachstellen...

Andere Schauplätze des Lebens – Mehr ungeahnte Probleme – Ende der Ehe

Bei mir und Dorit kam dann allerdings wieder mal eine Zeit mit etwas mehr Ruhe. Wir pflegten die Freundschaften. Besuch hier, Besuch dort. Unsere Kinder hatten natürlich auch stets ihren wichtigen Stellenwert in unserem Leben. Dorit hatte ein wirklich nahes Verhältnis zu Beiden, doch noch mehr zu unserem Sohn.

Eines Tages traf uns ein Ereignis unserer Tochter sehr hart. Sie versuchte einen Suizid mit einem Tablettencocktail. Es ging alles gut, doch dann flüchtete sie aus dem Krankenhaus. Eine unvorstellbare harte Situation. Es war Ende Juni und abends der Anruf aus dem Krankenhaus. Ich machte mich gleich auf den Weg und suchte wo ich nur konnte – ich fand sie nicht. Um Mitternacht kam dann der Anruf aus dem Krankenhaus, dass sie zurück ist. Tausend Steine fielen von unserem Herzen. Die harte Zeit der Pubertät beider Kinder begleitete uns trotzdem weiter – wirklich nicht leicht, neben all dem anderen Stress!

Ich möchte noch mal zurückkommen zu den Situationen, zu den Unsicherheiten, zu den Misstrauenszeiten. Ob ich tagsüber unterwegs war, ob ich mal auf Übernachtungstour nicht zu Hause war oder auch, als ich mit unserem Sohn unseren gemeinsamen alljährliche kleinen Herbsturlaub auf einer Insel in Dänemark gemacht hatte, auch wenn meine Ex irgendwelche Termine abends hatte, die erklärbar waren – mich begleitete stets diese innere Unruhe.

Ich schrieb am Anfang: „Wenn man ständig an einem dicken

Seil mit einem scharfen Messer ritzt, wird auch so ein Seil mal reißen..."

1999-2001 hatte ich für mich recht unerklärliche gesundheitliche Probleme. „Dissoziative Störungen" wurde nachdem ich nach einigen „Attacken" zum Arzt ging diagnostiziert.

Ich zitiere hier mal WIKIPEDIA:

„Im Gehirn wird eine Erlebensspur aus einer Vielzahl von Eindrücken, nämlich visuellen, auditiven, taktilen, olfaktorischen, gustatorischen, propriozeptiven und kinästhetischen Signalen generiert. Hierfür müssen die an unterschiedlichen Orten im Gehirn eintreffenden Signale verarbeitet und integriert werden. Die dabei entstehende Erlebensspur wird nach Raum und Zeit geordnet und im Gedächtnis gespeichert. Aufgrund der hohen Verarbeitungs- und Integrationsfähigkeit des menschlichen Gehirns werden diese unterschiedlichen Prozesse vom Individuum als Einheit erlebt. In Wirklichkeit jedoch sind viele Faktoren notwendig, damit mentale Prozesse und Inhalte miteinander verbunden werden können und somit diese erlebte Einheit erhalten bleibt. Sind zwei oder mehr mentale Prozesse oder Inhalte nicht mehr miteinander verbunden, obwohl dies normalerweise der Fall ist, so spricht man von Dissoziation. Diese kann im Alltag als normales dissoziatives Phänomen vorkommen, aber auch als psychische Störung auftreten und die Funktionsfähigkeit des Individuums erheblich beeinträchtigen."

Wie war das mit diesen Störungen bei mir? Ich bekam zu recht unterschiedlichen Zeiten und Zeitabschnitte so eine Art „Ausfall". Ich schaltete ab. Ungefähr 30 Minuten lang. Ich wurde wohl sehr ruhig in dieser Zeit und es liefen eine Art Tagträume in mir ab. Ich konnte mich immer nur noch daran erinnern, dass ich etwas wie eine Art „Drachen" sah... es geschah nichts Böses bei diesen Wahrnehmungen, außer, dass diese „Drachen" durch meinen Kopf schwirrten. Danach konnte ich das, was in mir abgelaufen war, kaum in Worte fassen, ich konnte das einfach nicht mit Worten erklären – zudem war ich dann Stunden ohne Energie, ohne Kraft. Innerhalb von 2 Jahren hatte ich diese „Anfälle/Ausfälle" 10-12 Mal. Ich ließ mich in einer Klinik intensiv untersuchen. Körperlich war alles top in Ordnung. Letztendlich erzählte ich bei dem Arzt auch von meinen Problemen mit Dorit. Man resultierte mir in dieser Klinik, dass das ein mächtig großer Stress für mein Gehirn sei und dass diese „Dissoziative Störungen" damit zu erklären sind – es ist wie bei der Elektrizität eine Art Kurzschluss. Für mich war nun klar, dass ich für die „Ambitionen" meiner Ehefrau einen Schlussstrich ziehen muss.

1999 war unsere Silberhochzeit. Für Dorit und mich war dieses Fest trotz allem okay. Probleme gab es mehr mit unserem Sohn, der mehr und mehr „ausflippte". Er wurde hier und da ziemlich jähzornig. Zum Beispiel am Tage unserer Silberhochzeit hatte er unbedeutende Unstimmigkeiten mit seiner großen Schwester. Er regte sich so sehr auf, dass er einen großen Eisenring zu ihr schmiss, der dann an unserem Auto landete. Mit unserem Sohn hatte wir bzw. ich später noch mehrere Probleme. So musste er auch die Schule wechseln, da er zu den Lehrern verbal aggressiv wurde. Ich weiß heute, dass unsere Kinder mehr von den Dingen, die meine Ex und mich umgaben wussten, als wir dachten.

Zwischenzeitlich hatte sich seit Ende dem Jahr 2000 eine

Situation für Dorit gefestigt, die ich im Endeffekt nicht mehr lösen konnte. Sie hatte bei einer Feier mit Freunden einen verheirateten jüngeren Mann kennengelernt, in den sie sich verliebt hatte. Sie offenbarte mir das bei einer Aussprache, die ich aufgrund meines Gefühls, dass da etwas nicht stimmt, führte. Dorit selbst, entfernte sich jetzt mehr und mehr auf einem eigenen Weg. Viele viele Versuche von mir mit Dorit dieses wieder gerade zu biegen, fanden kein gutes Ergebnis für mich. Trotz allem hatte Dorit dann auch wieder versucht, unsere Ehe nicht aufzugeben. Meine Hoffnung wuchs, denn ich war noch nicht soweit Schluss zu machen. Es hing doch so viel an allem und ich hing eben auch so sehr an allem.

2001 hatte ich meinen 50ten Geburtstag und ich entschied für mich, dass ich nach der großen Feier nun endlich mit Dorit so alles besprechen wollte, dass es für sie nur noch ein „Ja" oder „Nein" geben sollte. Eine Woche nach der Feier suchten wir für unsere Aussprache einen neutralen Ort an einem Waldrand, wo wir des Öfteren zu zweit aus harmonischeren Anlässen waren. Hier bat ich Dorit endgültig mit ihren Affären aufzuhören und sich speziell auch von ihrem letzten „Lover" (Martin) zu trennen. Ich wusste im Prinzip ja stets von allem, da Dorit mir immer bei meinen Fragen, ob da derzeit etwas mit irgendwem läuft, auch wohl wahrheitsgemäß „berichtete". So war einmal unsere Abmachung. – Ich weiß, so etwas ist nicht leicht zu verstehen, doch es war wohl bei mir der Versuch, auf diesem Wege Dorit für mich zurückzugewinnen – dieses Vorhaben war allerdings im Endeffekt überhaupt nicht positiv gelaufen...

Ich komme zurück zu unserer Aussprache. Dorit ging nicht auf meine Wünsche ein, sich wieder ganz unserem Ehe- und Familienleben zu widmen. Sie bat um eine sogenannte

Probezeit von 3 Monaten. In dieser Zeit wollten wir Beide u.a. zusammen einen „Liebesurlaub" in Bayern machen und sie selbst wollte Freiheiten mit Martin (ihrem Lover) genießen. Ich ging wieder einmal darauf ein, mit der Hoffnung, dass ich Dorit für unser Leben zurückgewinnen konnte.

Selbstzermürbend – ich bin gewiss kein Masochist, wirklich nicht! Das was auf mich zukam, habe ich nicht erkannt. Wieder die vielen kleinen und großen Schnitte auf meine Seele. Dorit fuhr zu Martin wann sie wollte und es mit unserem anderen Familienleben vereinbar war. Wir machten eine Woche Urlaub im Allgäu in Bayern – von Liebesurlaub konnte aber keine Rede sein. Wie es wiedermal ein Zufall wollte, offenbarte mir Dorit, dass ihr Lover ganz in der Nähe in dieser Zeit zu einer Kur war. Genau zu der Zeit als wir unseren „Urlaub" machten war eine Flugzeugkollision in der Nähe von Überlingen. Das war rund 100 km von unserem Urlaubsort entfernt und Dorit wurde bei dieser Nachricht über das Unglück ganz still. Ich fragte sie danach und sie sagte mir dann, dass dort Martin zur Kur ist. Für mich war dieses Unglück ein Zeichen, was ich aber trotzdem nicht gern für mich sehen wollte. Unbefriedigt von diesem Urlaub und mit der tiefen Unruhe ging ich auf den vereinbarten letzten Tag unserer Frist von 3 Monaten zu.

Wieder eine Aussprache.

Dorit teilte mir mit, dass sie in der Ehe bleiben will – zumal sich M nicht von seiner Frau trennen wollte. Ein unbeschreibliches Glückgefühl war in mir. Es war Anfang September 2002 und ich ging mit großer Freude in die Zukunft – und doch spürte ich bei Dorit eine große Unzufriedenheit. Wir sprachen darüber und sie sagte, dass sie eben auch noch etwas Zeit nach diesem ganzen

Hin und Her braucht.

Ende September, irgendwie schien alles nun wieder wie in alten guten Zeiten zu sein, machte mich Dorit heiß und wollte Sex mit mir. Wir hatten seit unserem „Urlaub" nicht mehr miteinander geschlafen – über 2 Monate. So heiß wie ich war, so abrupt hat sie mich dann liegen gelassen. Ich unterstelle ihr keine böse Absicht – sie sagte nur: „Ich kann nicht mehr mit dir schlafen!" – Ich fühlte mich am Boden, so verletzt und das erste Mal explodierte ich verbal... Ich war am Ende. Riss ihre Kleidung aus dem Kleiderschrank, holte die Koffer und schrie, dass sie gehen soll. Doch nur wenige Minuten später entschuldigte ich mich wieder und bat, dass sie bleiben möchte. Sie sagte auch, dass sie diese Attacke von mir verstehen kann und schlief in einem anderen Zimmer in dieser Nacht. Ich weiß gar nicht mehr, ob ich noch schlafen konnte, auf jeden Fall war ich noch weiter in die Tiefe gerutscht.

Ein paar Tage später, ging Dorit dann doch zu Freunden im Nachbarort. Sie brauche etwas Abstand und ich jammerte hinter ihr her – anders kann man es nicht ausdrücken. Sie kam dann auch nach 3 Tagen zurück, aber teilte mir mit, dass sie in 3 Wochen zu einer psychosomatischen Kur gehen werde. Ok, ich akzeptierte das mit der Hoffnung, dass sie diese Zeit dafür nutzen will, wieder in unser Leben zu finden. Beim Abschied weinte sie dann auch und sagte mir, dass sie eigentlich lieber bleiben würde. Wir hatten dann auch nette Telefonate am Anfang dieser Zeit und plötzlich war sie für mich nicht mehr zu sprechen – ich kam nicht mehr an sie heran. Wieder diese Seelenschmerzen – an Depression kein Gedanke von mir. Irgendwie hatte ich auch immer noch Kraft und entschied daraus auf eine Entscheidung. Ich bekam Dorit dann doch ans

Telefon und teilte ihr mit, dass eine endgültige Entscheidung her muss. Mit diesem Vorhaben verknüpfte ich auch wieder Hoffnung, da ich Dorit ja nun schon 30 Jahre kannte und wusste, dass sie eher die Entscheidungen mir überließ, hoffte ich, dass sie auf mich eingeht und bleibt.

Der vereinbarte Tag, Ende November 2002, war da. Dorit war ja noch bei ihrem Kuraufenthalt. Das Telefonat am Abend. Dorit teilte mir mit, dass sie nach der Kur nicht mehr nach Hause kommen wird und so war es dann auch. – Mein Gefühl damals war einerseits wie eine Befreiung, aber andererseits eine tiefe Traurigkeit, dass sich alles nicht zum Guten gedreht hat...

Zwei Wochen später, als sie von der Kur zurückkam, ging sie direkt zu ihren Freunden, die für sie ein Zimmer hatten. Krass war aber, dass nur 2 Tage nach unserem „Entscheidungstelefonat" von einem Rechtsanwalt an mich ein Schreiben kam, dass sie Unterhalt verlangt und dieses Schreiben war schon vor unserem „Termin" der Entscheidung aufgesetzt worden...

Nun begann der „Rosenkrieg"

Inzwischen war das Jahr fast zu Ende. Kurz vor Weihnachten entschied ich, dass ich den Rest des Jahres über die ganzen Festtage nicht allein zu Hause sein wollte, obwohl meine Tochter, die inzwischen allein wohnte, sagte, dass sie an den Feiertagen bei mir sein würde. Mein Sohn hatte seinerzeit eine Freundin, bei der er ohnehin viel Zeit verbrachte... - Ich buchte einen Flug zur Dominikanischen Republik – in die Karibik – Sommergefühl im Winter. Für mich ein ganz neues Gefühl – allein im „Urlaub". Vielleicht hilft mir dieser Abstand, Abstand zu finden.

Vorab kann ich sagen, dass ich zwar körperlich weit weg war, aber nie in dieser Zeit den Abstand finden konnte. Ich dachte über alles nach, was war und was kommen könnte...
In dieser Zeit schrieb ich dieses Gedicht – es folgten noch andere, die ich am Ende dieser Lektüre einfügen werde:

Ziellos im Leben verirrt -
den Anfang gefunden
ohne das Ende zu seh´n.
Zu zweit allein
ohne Mitgefühl

Wo bin ich?
Wo steh´ ich?
Was seh´ ich?

Ich suche das Ziel.
Träume über mir
überdecken mich -

machen mich blind -
verliere die Macht über mich.

Wo bin ich?
Wo steh´ ich?
Was seh´ ich?

Verliere Dich -
Frau ohne Gefühl für mich!
Versuche wie du zu sein -
kann es nicht.
Ich bin ich.

Wo bin ich?
Wo steh´ ich?
Was seh´ ich?

Nerven zerfressen,
Nerven zerfetzt!
Kampf um Liebe
Vergebens.
Bekam sie nicht - habe verloren!

Wo bin ich?
Wo steh´ ich?
Was seh´ ich?

Den Anfang verschenkt -
ich sehe das Ziel.
Die Kraft des Verlustes
bringt mich dorthin...
...bringt mich ans Ziel.

Viele Jahre „Kampf" um Liebe und Glück, um das, was man zusammen leben wollte und um das, was ich nicht verlieren wollte – all das lag hinter mir. Was lag vor mir? Ich hatte auch gute Gedanken an das, denn es versprach für mich eine neue Zeit – ohne diese Last. „Ohne diese Last?" Soweit konnte ich wohl noch nicht denken, was da noch auf mich zukam und wie geschwächt meine Seele war...

Das Flair und alles drum herum, was ich auf Dom-Rep erleben konnte, war schon schön. Eine tolle Atmosphäre und sogar weihnachtliche Gefühle. Es war hier auch etwas weihnachtlich geschmückt und ständig liefen die Lieder, die ein Weihnachten nicht vergessen ließen. Vergessen konnte ich auch nicht den Grund, dass ich dort war. 5 Tage vor meinem Rückflug (3. Januar 2003) saß ich auf dem Balkon vor meinem Zimmer. Es war ein warmer Abend und wie es in der Karibik so ist, schon um 19:00 Uhr dunkel. Plötzlich bekam ich eine richtige Panikattacke. Ich verstand nicht, warum ich dort war, wo ich bin und fragte mich auch, wo ich denn bin und warum... Ich konnte es nicht greifen und nicht begreifen, diese Aktualität – ich wollte weg. Ich fragte am anderen Tag bei der Hotelrezeption nach einer Telefonnummer eines deutschen Reisebüros dort. Ich rief dort an und wollte einen Flug nach Hause buchen. – Diese tatsächliche Panik ist hier kaum zu beschreiben. Es war ähnlich, wie damals in der Scheune bei der Hochzeit, wie ich ganz am Anfang beschrieben hatte... nur ein etwas anderer Grund. Das deutsche Reisebüro sagte mir, das ein Flug derzeit nicht möglich ist – so kurzfristig... -

Ein wenig wurde ich dann wieder ruhiger und kam zurück in die Realität. Ich sagte mir, dass ich diese wenigen Tage noch aushalten werde und dann, wenn ich in Deutschland bin, will ich sofort mit Dorit reden und versuchen, alles wieder geradezubiegen.

Als ich wieder zu Hause war – allein wie nie – lag eine Menge Post dort. Auch ein Brief vom Finanzamt. Dorit war schon schnell dabei gewesen, die Steuerklassen zu ändern, was absoluter Blödsinn war, denn damit haben wir Beide nur dem Staat Geld geschenkt. So wurde es mir dann auch von Leuten erklärt, die sich damit auskannten. Ich merkte allmählich, was da wohl auf mich zukommen würde, denn auch Gespräche, die ich mit Dorit hatte, waren steril und uneinsichtig, hinsichtlich, wie man nun auch eine Scheidung selbst regeln könnte. Sie gab alles ab, an Rechtsanwälte und andere Menschen, die sie aus ihrer Sicht besser beraten...

Ich selbst dachte inzwischen darüber nach, Kontakte zu bekommen. Kontakte zu anderen Frauen. Meine Gedanken gingen dahin, dass ich überlegte, wie denn nun eine zukünftige Frau an meiner Seite aussehen sollte und wie ihr Charakter sein sollte. So schaute ich nach Annoncen in der Zeitung und stellte selbst welche hinein. Im Februar 2003 kam es dann auch zu Telefonaten und Treffen. Aber für mich ging da nichts weiter. Ich denke, dass ich gar nicht offen für so etwas war. Wenn ich das alles aus heutiger Sicht sehe, würde ich sagen, dass ein Mann nach einer Trennung erstmal an die Hand genommen werden müsste. Er sollte fern gehalten werden von diesen Ambitionen, sich gleich wieder in etwas Neues zu stürzen. – Die nächsten Monate sollten mir das bestätigen.

Ein neuer Anfang - und es ging tiefer

Anfang März hatte ich meine Tochter zu Besuch, die derzeit auch solo war. Wir unterhielten uns darüber und ich erzählte ihr, dass ich schon per Zeitung nach neuen Verhältnissen gesucht habe. Meine Tochter erklärte mir dann, dass es im Internet recht gute „Plattformen" dafür gibt und wir stellten schon gleich einen Account für mich bei einer dieser Plattformen ein. Eine Plattform „nur" zum Kennenlernen.

Ich hatte schon bald recht nette und seriöse Kontakte. Ende März/Anfang April wurde es dann intensiver mit einer hübschen Frau, die 20 Jahre jünger war als ich und die großes Interesse an mir zeigte. Mir schmeichelte das sehr. Wir telefonierten und diese junge Verbindung wurde schnell tiefer. Ich nenne sie hier mal Maren – Maren war beruflich als Webseitenentwicklerin selbständig, geschieden und Mutter von 2 Mädchen, die damals 4 und 7 Jahre alt waren. Sie wohnte rund 150 km von meinem Wohnort entfernt. – Es ging schnell für sie und sie stand eines Abends bald vor meiner Tür. Ein wirklich attraktive Frau und ich tat mich schwer mit dieser Situation. In mir spürte ich Minderwertigkeitskomplexe, die über die letzten 15 Jahre gewachsen waren. Maren nahm mir gleich viele dieser Komplexe weg, zumindest für diese nächsten 2 Tage und Nächte, die sie bei mir war. Ich will hier aber auch nicht verheimlichen, dass ich doch mit meiner Männlichkeit auch Probleme hatte... - Seit Ende September, als meine Ex den Sex mit mir abbrach, hatte ich keine Frau und dieses Erlebnis von damals war noch in mir... noch sehr lange.

Maren konnte damit aber gut umgehen, da wir auch darüber sprachen. Mit einander reden öffnet manchmal viele Türen...

In den nächsten Wochen lernten wir uns noch mehr kennen und ich besuchte sie immer häufiger. Allerdings stellte ich auch fest, das Maren viel rauchte und viel trank. Ihr Konsum waren 3 Schachteln Zigaretten pro Tag und häufig bis zu einer Flasche Weinbrand am Tag. Bei all den Gefühlen, die in mir zu ihr gewachsen waren, sprach ich dann doch bald mit ihr über das Thema. Sie war uneinsichtig und wusste, wie sie mich beruhigen konnte. Es kam eine extreme Zeit auf mich zu... Nach rund 2 Monaten machte ich Schluss und fand eine neue sehr nette und unproblematische Freundschaft zu Katja. Nur einige Zeit später – 4/5 Wochen – hatte mich Maren wieder in ihrem Netz. Es war alles ein Hin und Her, aus heutiger Sicht, was ich damals so nicht erkannt habe. Inzwischen zog ich auch aus meinem Haus und näher zu Maren. Meine Ex und ich strebten nun an, unser Haus zu verkaufen.

Apropos Dorit – von ihrem Rechtsanwalt kamen nun immer häufiger Forderungen und Schreiben, wo ich dies und das aus finanzieller Sicht nachweisen sollte. Es waren alles Messerstiche für mich, die ich empfand. Auch mein Sohn forderte über einen Rechtsanwalt Unterhalt für sein Leben – obwohl ich in dieser Hinsicht mit meiner Ex und ihm eine Regelung besprochen hatte. Inzwischen hatte ich auch einen Rechtsanwalt, der meine Interessen vertreten sollte. Mit meinem Sohn hatte ich dann nochmal eine Aussprache, die sehr sehr heftig war, doch am Schluss lagen wir Beide uns weinend in den Armen.

Da das Grundstück unseres Hauses immer mehr verkam und sich in Hinsicht Verkauf nichts tat, entschloss ich mich nach nur 2 Monaten Abwesenheit wieder zurück in das Haus zu kehren. Auch Maren zog aus ihrem Haus, das sie finanziell nicht mehr halten konnte. Es war nun günstiger für mich, sie zu treffen, da sie etwas näher wohnte.

In dieser Zeit – September/Oktober 2003 spürte ich immer mehr Unruhe in mir – Kraftlosigkeit für fast alles und bekam auch Weinkrämpfe, aus „heiterem" Himmel. Zudem hatte ich einen mächtig hohen Blutdruck. Ich besprach das alles mit meiner Hausärztin, die mir riet, einen Psychiater aufzusuchen. Sie gab mir eine Liste mit Adressen. Ich rief sie alle an – ca. 15. Erste Termine bekam ich in vielleicht 3-4 Monaten. Eine Ausweglosigkeit wuchs in mir und ich war dann auch unfähig meinem Beruf nachzugehen. Mitte Oktober war es dann so schlimm, dass ich alles daran setzte, mehr Hilfe zu bekommen. Meine Ärztin erreichte dann, dass ich sofort bei einem Psychiater alles besprechen konnte. Er erkannte die Situation und nun fiel auch das Wort „Depression" – tiefe Depression. Er riet mir dazu, so schnell wie möglich in eine entsprechende Klinik zu gehen, damit mir akut geholfen werden kann. Nachdem ich ihn bat, sich darum zu bemühen, rief er persönlich bei einer Klinik an und organisierte alles dafür. Ich bekam schon einen Termin nur 3 Tage später in einer „Privat-Nerven-Klinik" – einer Fachklinik für Psychiatrie und Psychotherapie. Vorher wurde noch alles mit meiner Krankenkasse abgestimmt.

Maren unterstütze mich enorm bei diesem Schritt, den ich vorhatte und meinte, dass sie den Hut davor zieht. Selbst könnte sie das nie und speziell, dass Männer sich zu dieser „Schwäche", eine Depression zu haben, bekennen, ist schon etwas Besonderes. Ich sah es nicht so, ich wollte nur, dass ich da wieder raus komme aus diesem Tief.

Was war alles in dem letzten knappen Jahr passiert!?

- Nach langjährigem Hin und Her und über 25jähriger Ehe hat sich meine Frau von mir getrennt.
- Ich hatte schon länger sogenannte „ dissoziative Störungen".
- Ich stürzte mich in der Weihnachtszeit in einen „Panik-Urlaub" in der Karibik.
- Inzwischen kamen Briefe und Forderungen von dem Rechtsanwalt meiner Ex.
- Selbst suchte ich neue Verbindungen zu Frauen.
- Es entstand eine Beziehung zu einer 20 Jahre jüngeren Frau, die selbst ihr Leben nicht im Griff hatte.
- In mir wuchs das „Helfersyndrom".
- Ich zog aus meinem Haus in eine Wohnung.
- Nach 2 Monaten in der Wohnung zog ich zurück in das Haus.
- All das verbunden auch mit vielen körperlichen und finanziellen Anstrengungen.
- Meinen Beruf übte ich auch fast nebenbei aus.
- Neben all dem hatte ich auch große Probleme mit meinem Sohn.
- Zwischendurch trennte ich mich von meiner Freundin Maren und fing eine neue Beziehung an.
- Dann trennte ich mich von dieser neuen Beziehung und ging zurück zu Maren.
- Ein Umzug bei Maren musste bewältigt werden.
- Meine Trennung von meiner Ehefrau und die formellen Angelegenheiten versuchte ich jetzt mit einem Rechtsanwalt zu bewältigen.
- ...und und und...

...und dann kam der Zusammenbruch...

Aus heutiger Sicht war das alles nicht ICH, der hier agierte. Ich sehe mich damals wie eine Marionette. Eine fremde Gewalt hatte mich im Griff – sie lenkte mich – chaotisch! Warum erkennt man das nicht selbst in so einer Situation. Auch waren keine Freunde und Verwandten da, die sagte: „Hey, was machst du da? Komm zurück auf den Boden! Suche und finde eine besseren Weg!"

Ich war nun in der Klinik und gab mich den Therapien hin, doch ich fühlte nicht richtig, dass sie bei mir ankamen. Ich fühlte mich wie ferngesteuert. – Während meiner Zeit dort bekam ich eine SMS von einer von mir unbekannten Person. Es war die Ehefrau des Geliebten meiner Ex. - Woher sie meine Handynummer hatte, war mir vollkommen unklar. - Sie schrieb, dass sie ihren Mann nicht gehen lassen wird und viele Dinge um dieses Thema – mehrfach bombardierte sie mich mit diesen Mitteilungen und mit vielen Fragen. In mir entstanden schon wieder Hoffnungen, dass meine Ehe vielleicht doch zu retten ist... - Nach 4 Wochen – zu früh – entschied ich, dass ich diesen Aufenthalt in der Klinik abbreche. Ich meinte für mich, dass ich zurück in mein Leben musste. Ich wollte nichts verlieren von dem, was dort war. Meine Arbeit – meine neue Liebe, vielleicht meine alte Liebe...

Maren hatte mir einen Brief in die Klinik geschickt. In ihm offenbarte sie sich, dass sie selbst auch schwere psychische Probleme hatte und auch schon einen Suizidversuch hinter sich hatte. Sie wurde als 18jährige an einer Straße vergewaltigt und sagte dieses nie einem anderen Menschen. Sie schrieb auch, dass ich ihr sehr wichtig bin und dass ihre Kinder mich sehr mögen.

Als ich wieder bei ihr war, sagten sie und ihre beiden Mädels mir, dass sie gern mit mir zusammen leben möchten. Ich fühlte eine neue Kraft in mir und all das berührte mich wohltuend, zumal Weihnachten vor der Tür stand...

Allerdings spürte ich bei meinem Arbeitgeber, bei dem ich auch inzwischen schon fast 15 Jahre tätig war, eine Distanz zu mir. Ich hatte einen neuen Vorgesetzten, ein sehr unangenehmer Mensch. Mein vorheriger Chef war von mir in meine Probleme eingeweiht und trug es mit. Er gab mir die Zeit und Möglichkeit, vieles nebenher zu regeln. Offenheit war dabei sehr wichtig. Er wurde aber leider entlassen, kurz bevor ich in die Klinik ging. – Nun änderte sich vieles im Unternehmen, zumal auch andere Hierarchien neu besetzt wurden. Ein sogenannter Generationswechsel trat ein. Man machte mir klar, dass ich meine privaten Probleme nicht mit meinem Einsatz im Beruf zu verbinden habe – im Prinzip (ziemlich) okay...

Ich war nun sehr viel mit Maren und ihren Mädels zusammen. Die finanziellen Sorgen von Maren übernahm ich auch inzwischen. Ich verdiente gut. Ein paar Wochen später im neuen Jahr 2004 entstand bei Maren und mir ein Traum. Wir wollten ein Gastronomie-Objekt mit Hotelbetrieb kaufen und uns „frei" von allem machen. Es gab dafür vom Verkäufer eine attraktive Finanzierungsmöglichkeit. Wir besichtigten das Objekt und besprachen alle Einzelheiten. Wir bekamen sogar schon einen Kaufvertrag. Da Maren eine schlechte Auskunft hatte, hätte ich für alles gerade stehen müssen. Mein Kopf war dann doch noch klar genug. Ich sah nicht nur den finanziellen Druck, ich sah auch die Probleme bei M mit dem Alkohol und dem hohen Zigarettenverbrauch... - Allein das entsprach einer Summe von rund 700 EUR im Monat. Ich entschied mich gegen diesen „Traum" von Selbständigkeit und sagte Maren, dass ich die finanzielle Sicherheit nicht übernehmen kann, zumal auch noch die gesamte Scheidungsangelegenheit vor mir lag.

Aus dieser gesamten Situation kamen Maren und ich dazu, dass wir entschieden, dass Maren und ihre Kinder zu mir in mein Haus ziehen. So könnten wir in bessere geregelte Bahnen kommen und das taten wir auch und im Mai 2004 hatten wir wieder einen Umzug... Maren kam mit ihren Mädels in mein Haus. Meiner Ex war das Recht, denn damit ging das Haus nicht in fremde Hände...

Parallel zu all diesem Leben liefen die Maßnahmen zur Scheidung weiter. Rechtsanwaltsbesuche, Briefe von hier und von da – von dem RA meiner Ex und vom Gericht. Vor allem ging es um finanzielle Nachweise die ich erklären musste etc. etc.- Genau kann ich mich gar nicht mehr an ALLES erinnern, doch eins passierte in dieser Zeit zusätzlich in mir – eine mächtige innere Abwehr zu all diesen Erklärungen, zu all diesen schriftlichen Nachweisen, zu all diesen Formularkram. Es entstand eine Art Phobie – die ich gewisser Weise heut noch in mir habe.

Anfang April 2004 war es dann soweit. Nach fast genau 30 Jahren wurde meine Ehe geschieden und trotzdem wurde ich mit diesem Thema noch fast 2 Jahre lang bürokratisch konfrontiert, ehe auch die letzten finanziellen Forderungen meiner Ex „erfüllt" waren.

Inzwischen wuchsen auch die Probleme mit meinem

Arbeitgeber. Im Nachhinein nenne ich es Mobbing, was damals mit mir passierte. Ich unterlag einer extremen Beobachtung in all meinem Tun und musste zudem intensive ungewöhnliche Berichte abgeben und Aufgaben erledigen. – Dann bestellte man mich in die Firma, die 500 km von meinem Wohnort entfernt lag. Man sagte nicht warum. So naiv wie ich war, dachte ich, dass es um eine Ausweitung und Verbesserung meines derzeitigen Aufgabengebietes ging. – So war es dann nicht. Mit allen Vorgesetzten und dem Betriebsrat saß ich nun zusammen und fühlte mich wie einer, der an der Wand stand und alle richteten ein Gewehr auf ihn... Kurzum, man wollte mich entlassen. Das ging aber alles nicht so einfach... Zu Hause angekommen spürte ich die große emotionale Hilfe von Maren und nahm mir eine Rechtshilfe der Gewerkschaft. Letztendlich gab ich auf und stimmte aufgrund meiner Schwäche einer Auflösung des Arbeitsverhältnisses zu – mit einer ordentlichen Abfindung und der Vertrag lief noch weitere 3 Monate mit Bezahlung etc. etc. – und auch meine Ex hatte noch Ansprüche an all dem...

In dieser Zeit war ich krankgeschrieben. Ich fand mich mit dieser Situation zurecht, in der Hoffnung, dass ich bald wieder einen Job finden würde, denn man kannte mich als eine gute und zuverlässige Person in meinem Job...

Außerdem ergab sich ein weiterer Schicksalsschlag in dieser Zeit. Meine Tochter (ich nenne sie hier mal Lara) hatte schon seit einigen Wochen gesundheitliche Probleme - dazu funktionierte ihre Selbständigkeit in ihrem Beruf nicht so, wie sie es gedacht und gewünscht hätte. Lara ließ sich intensiv untersuchen, wobei sich herausstellte, dass sie MS (Multiple Sklerose) hat. Möglicherweise war sie (noch) auf einer niedrigen Stufe dieser schlimmen Krankheit, doch die Schübe brachten sie zudem in ein großes Tief. Sie wusste ja nicht, wie es weitergehen würde. Sie war in ihrem Tun wie gelähmt und brauchte unbedingt psychische Hilfe. Ich setzte mich mit ihrer Krankenkasse in Verbindung, die ihr einen Platz in einer psychiatrischen Klinik in ihrer Nähe vermittelten. Die Klinik war aber eher eine Klinik für psychische Dauerkranke, doch sie war dort zunächst gut aufgehoben. Ich konnte noch mal meine Kräfte entwickeln und mich um weitere Maßnahmen für sie kümmern. Dazu bekam ich nach intensiven Bemühungen einen Platz in der „Privat-Nerven-Klinik", in der ich Ende 2003 war. Dort war Lara besser aufgehoben und auch meine Ex war damit einverstanden...

Es war nun Juli 2004.

Mit Maren und den Kindern lebten wir inzwischen richtig schön familiär. Maren erkannte auch ihre Probleme mehr und arbeitete daran, all ihre „Laster" zu reduzieren. Zwischen uns selbst war es wie eine richtig schöne junge Liebe... -

Es waren inzwischen Sommerferien – Juli 2004. Wir hatten eine sehr schöne Woche Urlaub in Dänemark hinter uns und entschieden uns einen kleinen Hund zu kaufen. Die Mädels hatten inzwischen auch Freundinnen, mit denen sie sich trafen. Die Ältere war bei einem Ferienaufenthalt einer Tante. Maren und ihre jüngere Tochter und ich hatten an einem Samstag ein schönes Frühstück auf der Terrasse. Wir besprachen einige Dinge, was zu erledigen ist. Nach dem Frühstück fuhr ich zum Einkaufen. Die jüngere Tochter von Maren besuchte im Dorf eine Freundin. Mittags kam ich zurück. Maren war nicht da... Ich dachte, dass sie spazieren ging. Mein Haus stand direkt an einem Wald. Ich ging zu einer Bank im Wald, wo wir manches Mal saßen. Ich fand sie nicht. Als ich wieder beim Haus war, sah ich etwas Weißes nur rund 50 Meter entfernt zwischen den Bäumen. Maren hatte einen weißen Jogginganzug. Ich rief und lief sofort dort hin. Natürlich schossen vorher schon viele Gedanken durch meinen Kopf… -

…da lag Maren an einem Baum – als ob sie schlief. Ich versuchte sie wach zu rütteln, versuchte Mund-zu-Mund-Beatmung… Ich lief zum Telefon und rief den Rettungsarzt… Alles wie in Trance!

Maren war aus ihrem Leben gegangen.

Der Arzt sagte dann später, dass ihr zentrales Nervensystem gelähmt war. Dazu braucht man entsprechende Pillen… welche es genau waren konnte keiner sagen…
Nach all dem, was an diesem Tag passierte – die Tochter von Maren wurde von ihren Verwandten abgeholt und nähere Personen von mir waren auch inzwischen wieder weg - saß ich abends auf der Bank der Terrasse und ließ alles revuepassieren… wenn ich in diesem Moment dieselben Pillen gehabt hätte – ich wäre jetzt nicht mehr hier…

Ein Nacht ohne Schlaf lag vor mir und als ob unser kleiner Westi alles fühlte, sie kroch auf mein Bett und lag ganz dicht bei mir…
Am anderen Tag fuhr ich die 160 km zu den Verwandten von Maren. Ich spürte sofort Eiseskälte und dass ich dort nun nicht erwünscht war. Also fuhr ich wieder nach Haus und war allein. Ich ging zu der Stelle, wo Maren ihr Leben verlor und raucht mit ihr eine Zigarette – ich war Nichtraucher, bis dahin – ich wollte ihr sehr nahe sein. Dieses wurde für mich dann in der nächsten

Zeit ein tägliches Ritual – 3 Mal am Tag.

Ich rutschte in die Tiefe – tiefer und tiefer. Ich versuchte niemanden zu sehen, da auch jedes Treffen mit Bekannten oder Freunden bei mir zu Weinkrämpfen führte. Jeder Schritt war schwer wie Blei, jedes Tun ohne Kraft – alles so gefühlslos – alles ohne Aussicht. Ich sucht wieder ärztliche Hilfe, soviel gedankliche Kraft besaß ich noch.

Keine 2 Wochen nach dem Tod von Maren ging ich wieder in eine psychiatrische Klinik – in die selbe, wie Ende 2003, in die selbe, wo jetzt auch meine Tochter ist… - Eine ganz besondere Situation! Meine Tochter und ich in der selben psychiatrischen Klinik! Wir sollten aber dort unsere Kontakte sehr reduziert halten. Einmal am Tag trafen wir uns meistens in einer Art Gemeinschaftshaus. – Dieser Aufenthalt in dieser Klinik tat uns Beiden gut. Ich spürte bei meiner Tochter, dass sie wieder mehr Kraft bekam und im Nachhinein war es wohl bei mir mehr die Ablenkung… Es tat auch gut, dass ich mich um Nichts kümmern musste – um fast Nichts…

Maren wünschte sich eine Feuerbestattung, wie ich das von Freunden aus ihrem Kreis erfuhr. Die Beerdigung war fast 4 Wochen nach dem Tod. Mehr oder weniger erfuhr ich den Termin durch Zufall. Ich wollte dort hin und bekam von der Klinik eine besondere Erlaubnis dafür. Der Ex-Ehemann von Maren gab mir die Urne in der Hand, die ich zum Grab tragen durfte. Er und die beiden Mädels waren ohnehin nur die Einzigen, die mir weiterhin noch etwas verbunden waren. Auch dieser Tag ging vorbei und ich fuhr wieder in die Klinik. Ich hatte für mich gehofft, dass mit der Beerdigung mehr Ruhe in mir einkehren würde… Es war (noch) nicht so!

Zeit in der Tiefe – Leere – und die ersten Schritte raus…

Für Anfang September hatte meine Tochter den Entlassungstermin aus der Nerven-Klinik. Ich entschied für mich, dass auch ich dann aus der Klinik gehe. So gingen wir Beide gemeinsam. Lara und ich planten in dieser Zeit, einen gemeinsamen Urlaub zu machen. Er sollte uns Kraft geben. Lara liebte Italien und so machten wir dort dann auch Anfang Oktober eine Woche Urlaub. Fuhren zu vielen historischen Stätten und genossen diese Zeit. Wir sprachen auch über die Zukunft von Lara. Sie plante dann für sich, hier in Deutschland alles aufzugeben, um einen Job als eine Art Altenpflegerin in England zu übernehmen. Das wollte sie dann ab 2005 machen.

Wie es bei mir weitergeht war ungewiss. Als ich wieder ganz allein zu Hause war, spürte ich wieder mehr und mehr diese Kraftlosigkeit, etwas zu tun. Ich bat Freunde um Unterstützung bei der Haus- und Gartenarbeit. – Zu meinem Sohn war der Kontakt abgebrochen…

Es ging nun wieder auf ein Jahresende zu. Ich hatte noch meine tiefen inneren Kontakte zu Maren. Ich hielt an den täglichen Ritualen fest, an „ihrem" Platz mit ihr dreimal am Tag eine Zigarette zu rauchen. Ich las nun Bücher über diese Krankheit „Depressionen". Ich las Bücher über den Abschied von einem Toten. Fast jeden Abend – wenn mir danach war - setzte ich mich in mein Wohnzimmer, verdunkelte den Raum und legte Musik im CD-Player auf, die wir gemeinsam mochten. Nur eine Kerze ließ ich auf dem Couchtisch brennen und schaute mir Fotos von Maren an. Ich sprach mit ihr, ich schimpfte mit ihr, dass sie ihre Kinder verlassen hat, dass sie nicht mit mir über ihre Problem sprach...

Maren war oft und in vielen Dingen ziemlich exzessiv und dann auch wieder in sich gekehrt und sehr ruhig. Ich kannte mich mit all diesen Dingen vorher nicht aus. Jetzt wusste ich, dass sie manisch depressiv war.

Inzwischen hatte ich eine Therapie bei einer Psychologin und bekam dazu Antidepressiva-Medikamente. Diese Medikamente hatten keinen guten Einfluss auf mich. Ich fühlte mich nicht mehr. Es war alles so stumpf, ohne Gefühl. Die Ärzte meinten aber, dass es wichtig sei, dabei zu bleiben. Auch so eine medikamentöse Therapie braucht Zeit, sagten sie. Ich machte es mit. – Parallel zu all dem, beantragten wir aber eine „Kur". Da ja die Krankenkasse und die Rentenversicherung daran interessiert waren, dass ich wieder ins Arbeitsleben komme, war es ja auch richtig, konzentriert eine Therapie in einer entsprechenden Klinik durchzuziehen. Ich war ja erst 53 Jahre alt.

Kurz vor Weihnachten war dann mein Termin zur Aufnahme in einer „Klinik für Psychosomatik und Psychotherapie". Auf der Webseite stand der schöne Spruch: „Das Leben kann man nur vorwärts leben, das Leben verstehen nur rückwärts" – ein Satz von Sören Kierkegaard.

In dieser Klinik sollte ich nun mindestens 6 Wochen bleiben. Am Ende wurde dann noch eine Woche dran gehängt und somit war ich dort 7 Wochen. Diese Klinik war sicherlich nicht die Nr. 1 auf diesem Gebiet, doch der Aufenthalt dort hat mir sehr geholfen – allerdings war auch mein persönlicher Wille ein wichtiger Faktor.

Ich wollte raus aus diesem TIEF.

Ich hatte in den letzten 2-3 Monaten 15 kg an Gewicht zugenommen – u.a. eine Begleiterscheinung der Antidepressiva. Ich setzte ohne „Erlaubnis" der Ärzte die Tabletten ab. Ich machte dazu eine „FdH-Abnehmkur" (FdH=Friss die Hälfte) und das ganz konsequent. Dazu nutzte ich alle sportlichen Möglichkeiten des Hauses.

Maren hätte am 18.1. Geburtstag gehabt. An diesem Tag nahm ich in aller Stille in meinem Zimmer so richtig Abschied von ihr...

Die 5 Lebenssäulen

Von einer positiven Struktur im Leben spricht man, wenn die sogenannten 5 Lebenssäulen das Lebenshaus stützen.

Diese 5 Säulen sind:

1. Säule: Beruf
Ein normaler arbeitender Mensch verbringt die Hälfte seiner wachen Lebenszeit im Beruf. Man stelle sich vor, der Beruf macht einem keinen Spaß und demotiviert. Das heißt, dass man die Hälfte seines Lebens „verschenkt". Die andere Situation ist der komplette Verlust des Arbeitsplatzes...

2. Säule: Finanzen
Finanzen sind wichtig, denn sie bringen Freiheit. Abhängigkeit engt ein...

3. Säule: Gesundheit
Die Gesundheit ist etwas, was wir erst schätzen, wenn sie weg ist...

4. Säule: Beziehungen
Geteiltes Leid ist halbes Leid und nicht nur das... Eine Partnerschaft zu haben, in guten und schlechten Seiten, ist sehr wichtig und hilft ungemein...

5. Säule: Das ist man selbst
Das ist die eigene Persönlichkeit und dein Selbstwertgefühl...

Schon der Einbruch einer Säule macht das Lebenshaus wackelig... - man kann sagen, dass mein Lebenshaus durch fast keine Säule mehr gestützt werden konnte...

Nun hieß es: Neuaufbau!

Ja, ich will!

In dieser Zeit kam ein Lied von Peter Maffay auf den Markt, das hieß „Ja, ich will!". Das Lied half mir sehr nach Wegen zu suchen, wieder raus nach oben. – Manchmal braucht man Zeichen und diese Wegweiser heißt es zu erkennen, um dann den Weg zu gehen...

Als ob ein Wink von „oben" kam, bekam ich nun einen sehr schönen angenehmen Kontakt zu einer Mitpatientin. Bis dahin hatte ich keinen Blick für das andere Geschlecht und war ohnehin nur mit allem in mir ...

Es war einfach nur der Kontakt und die sehr schönen Gespräche, die wir hatten, die mich „lebendiger" machten. Ich sah, dass auch andere Menschen heftige Probleme hatten. Gespräche helfen. Sich mitteilen, entsorgt viel.

Die Depressionen in mir waren noch da. Es kamen oft Zeiten, speziell morgens, in denen Leere da war. Ich versuchte sie zu füllen, in dem ich dann Freunde oder Verwandte anrief, um nur zu reden. Ich hatte auch dann und wann noch „dissoziative Störungen". Dazu kamen ab dem Jahr 2005 „ophthalmische Migräneattacken" – die sogenannte „Augenmigräne", die ich auch noch nicht deuten konnte. Ungefähr eine halbe Stunde wabbert etwas scheinbar in deinem Auge wie ein kleiner Kristall, der immer größer wird - bis er verschwindet. Danach war ich stets 1-2 Tage sehr licht- und geräuschempfindlich. Ich wusste nicht, was das war und erst 2 Jahre später bei Gesprächen mit meinem Psychiater, wurde es mir erklärt. Diese Migräneattacken blieben bis heute – die „dissoziative Störungen" und die Schwitzattacken verschwanden mehr und mehr, doch erst seit dem Jahr 2009 kann ich sagen, dass sie vollkommen verschwunden sind.

Nun zurück zu der Zeit Anfang 2005.

Nach meinem Aufenthalt in dieser Klinik fühlte ich mich stärker, aber noch nicht stark genug. Es war zu viel, was in mir war und längst nicht alles weg. Doch ich wollte Veränderungen. So entschied ich dann, nach schriftlicher Rücksprache mit meiner Ex, die inzwischen bei ihrem „Lover" wohnte, dass das Haus konkret verkauft werden sollte. Ich selbst wollte einen Neuanfang in der Großstadt in meiner Nähe beginnen. In der Nähe dieser Stadt wohnte übrigens auch Bea mit ihrer Familie, die nette Bekannte der Kur. Wir hatten weiterhin sehr netten Kontakt – aber dazu später mehr.

Für das Haus fand ich dann bald einen Käufer. Das Haus ging dann weit unter Wert im Mai 2005 an ihn. – Vorher organisierte ich sogenannte „Garagenflohmärkte" und verkaufte so ziemlich alles, zumal ich für mein weiteres Leben nur eine kleine Dachwohnung in der Nähe der Großstadt und in der Nähe der Familie von B, zur Miete fand.

Ich fühlte mich gleich sehr wohl in meinem „neuen" Leben dort. Mein Lebensunterhalt kam in dieser Zeit noch von der Krankenkasse. Ich machte mir Pläne, wie es weiter gehen sollte. Schrieb ca. 30 Bewerbungen an Firmen, die für mich infrage kamen. Ohne Erfolg. Die Zeit verging. Da ich in den letzten Monaten von vielen Seiten hörte, dass ich ein so guter Zuhörer bin und es den Menschen gut tat, mit mir zu reden, kam mir der Gedanke, selbst ein Therapeut zu werden. Ich machte mich schlau, was möglich wäre und kam auf „Gesprächstherapeut".

Mit Hilfe der „Agentur für Arbeit", die mich dann mit einem bestimmten Programm unterstützen, machte ich ein Fernstudium für diesen Beruf. Zirka 18 Monate lang, sollte es sein. Ich fühlte mich sehr gut mir diesen Anforderungen. Trotzdem suchte ich dann noch ein paar Nebenjobs. Jobbte bei einem Weinhändler und ging von Haus zu Haus und dazu versuchte ich noch Kunden für einen Gefrierkost-Bringe-Dienst Kunden zu gewinnen.

Nebenbei wuchs mein neuer Freundeskreis mit der Familie und den Bekannten um Bea herum – das war gut und das tat gut. Ich hatte neue Freunde und so etwas wie ein Familie. Auch mit meinem Vermieter hatte ich gute Kontakte. Die Leute waren älter und ich pflegte für sie den Garten.

Also, alles im allem hatte ich nun relativ viel um die Ohren.

Auf einem holprigen Weg...

Im Herbst 2006 war es dann soweit. Mein Fernstudium hatte ich gut abgeschlossen. Über die regionale Werbezeitung und Handzettel bot ich nun meine Tätigkeit als Gesprächstherapeut an. Einen Raum meiner Wohnung konnte ich dafür auch sehr gut präparieren. Bald kamen sogar Klienten. Diese Arbeit gefiel mir auch – doch ich merkte bald, dass ich nicht die finanzielle Kraft hatte, damit meinen Lebensunterhalt auf Dauer zu verdienen. Schon nach drei Monaten stoppte ich dieses Unternehmen „Gesprächstherapie".

Ich spürte, dass ich wieder etwas tiefer rutschte. Für meine Zukunft sah ich keine finanzielle Sicherheit. Ich sah immer dieses „Hartz 4" vor mir und außerdem blockierte mich meine Situation auch darin, zwischenmenschliche Kontakte zu bekommen – ein Frau an meiner Seite.

Ich bekam wieder Stunden bei meiner Psychologin. Die ersten Monate des Jahres 2007 vergangen. Keine schöne Zeit, bis ich eine Anregung meiner Psychologin bekam, mich mit der Rentenversicherung in Kontakt zu setzen, inwieweit eine „Frührente" – sprich „Erwerbsminderungsrente" - bei mir möglich wäre. Ich machte dieses und mir wurde mitgeteilt, welche Voraussetzungen dafür notwendig sind. Ich fühlte mich mit diesen Anträgen dafür überfordert. Seit den Jahren der Scheidungszeit hatte ich eine Blockade mit diesen bürokratischen Tätigkeiten... Formulare, Anträge etc. Mein Psychiater half mir weiter und sagte mir, dass es dafür u.a. den „Sozialverband" gibt. Und dann ging es auch schon relativ schnell. Zunächst wurde klar, dass ich noch einmal zu einem Aufenthalt in eine psychiatrische Klinik müsste, mit der ich die

Notwendigkeit meines Anliegens unterstützen sollte. So bekam ich dann noch einmal einen Aufenthalt von 5 Wochen im Juni/Juli 2007 in einer sehr guten Klinik an der Weser. Danach, im Juli 2007 reichte ich mit Hilfe des Sozialverbandes alle gewünschten Unterlagen bei der Rentenversicherung ein und nur 4 Wochen später bekam ich schon den positiven Bescheid, dass ich ab September 2007 die sogenannte „Erwerbsminderungsrente" bekomme.

Wie ein dicker großer Stein viel eine Last von mir. Auch wenn ich nun keine große Rente bekomme, so war es genug, um damit zu leben und meine Miete zu bezahlen.

Diese Situation löste vieles in mir. – Ich hatte nun eine Basis, mit der ich gehen konnte und finanziell hatte ich ja auch den kleinen Nebenverdienst bei meinem Vermieter, wobei ich dazu auch noch das Treppenhaus reinigte und alles in allem einen Hunderter im Monat mehr hatte.

Nun versuchte ich langsam auch wieder Kontakte zum anderen Geschlecht zu bekommen. Mit dem Internet ist das ja gut möglich und seriöse Plattformen gibt es da ja auch. Allerdings bin ich auch ein Mensch, der nun damit auch nicht so schnell ist. Zumindest hat mich meine jüngste Vergangenheit dieses gelehrt. So dauerte es hier und da einige nette Chats und Telefonate, bis dann mal ein Treffen bei einem Kaffee zustande kam. Ich hatte in den folgenden Monaten wirklich ein paar nette Treffen, doch ich spürte in mir noch eine mächtige Blockade zu mehr – zumal ich auch heftige Versagensängste hatte – speziell in sexueller Hinsicht – dazu kamen Verlustängste, die sich in den letzten Jahren in mir aufgebaut haben...

In den ersten Monaten des Jahres 2008 machte ich mir viele Gedanken, wie ich denn noch ein bisserl Geld nebenher verdienen konnte, denn ich fühlte mich nicht so sehr ausgelastet. Meine Gedanken führten mich dazu, dass ich doch das am besten machen sollte, was ich schon lange kann und mich nicht überfordert. „Gartenarbeit" war dann das entscheidende Wort, was mir einfiel. Gartenarbeit kann ich schon von je her, und es macht mir Spaß.

Inzwischen hatte sich auch der Kontakt mit meinem Sohn verbessert. Wir trafen uns ab und zu, zumal er auch in der Nähe wohnte. Meine Tochter jobbte nun für Internetunternehmen in Irland, nachdem sie ein Jahr in England gearbeitet hatte.

Im März 2008 inserierte ich in der regionalen Zeitung und bot meine Hilfe bei der Gartenarbeit an. Wirklich sehr schnell hatte ich dann rund 10 Stellen, bei meist älteren Menschen, bei denen ich einen Teil oder die gesamte Gartenarbeit übernahm. Teilweise half mir sogar mein Sohn dabei. Ich hatte nun eine Arbeit, die mich körperlich forderte – das war sehr gut und dazu bekam ich sehr nette Kontakte zu den Menschen und wir hatten sehr gute Gespräche. Außerdem unterstütze die Arbeit auch meine finanzielle Situation, so dass ich Rücklagen schaffen konnte. Denn meine Ersparnisse waren über die letzten Jahre verbraucht – Rechtanwaltskosten, ein Auto musste her (früher hatte ich einen Geschäftswagen) und dazu hatte ich viele Umzugskosten…

So schien doch nun meine Welt (fast) wieder in Ordnung zu sein. Ich hatte gute Kontakte zu meinen Kindern, ich fühlte mich in meiner neuen Wohnumgebung wohl, hatte liebe Freunde und Kontakte zu mehreren Menschen und dazu eine gewisse Sicherheit im finanziellen Bereich. Die 5 Säulen, von denen man spricht, die einem das Leben sichern waren (fast) vollständig wieder da. „Fast" – ja, „fast" – denn es fehlte noch der emotionale Teil. Der Lebenspartner!

Ein paar mehr oder weniger kleine „Versuche" hatte ich ja gemacht. Oft spürte ich aber im Hintergrund, dass auch bei diesen Frauen große „Altlasten" waren, die ein wirkliches freies unkompliziertes Zusammenleben nicht zuließen. So beendete ich auch stets sehr schnell diese Kontakte. Ich selbst fühlte mich auch noch nicht so von dem Leben der letzten Jahre befreit – ich war noch nicht soweit! Man schüttelt so etwas nicht so schnell ab: 30 Jahre Ehe, die mich zuletzt in die Tiefe rissen und dann die viel zu schnelle neue Partnerschaft mit der zu jungen Frau, die ihre großen eigenen Probleme hatte und ihr Leben selbst beendete – dann der Verlust des Arbeitsplatzes und die damit verbundene finanzielle Sicherheit, die eigene Kraftlosigkeit durch Depressionen und auch der Verlust des Eigentums...

...man lässt so etwas nicht so schnell hinter sich, davon ab, weiß ich auch heute, dass einen auch später immer diese Vergangenheit begleitet – doch die Kraft, die man dann für den Neustart braucht kommt dann manchmal auch ungeahnt...

Der Anfang vom neuen Dasein oder „Back tot he roots"

Wie heißt es so schön: *„Das Leben kann man nur vorwärts leben, das Leben verstehen nur rückwärts."*

Ich fühlte mich mit all den neuen Wegen und Möglichkeiten Stück für Stück besser in meinem Leben:

- Ich hatte eine verbesserte und sichere finanzielle Basis für mein Leben – damit eine Zukunft in dieser Hinsicht, in die ich beruhigter blicken konnte.
- Mein persönliches Umfeld war durch neue Freunde und neue Bekannte bedeutend schöner.
- Körperlich und mental spürte ich eine deutliche Besserung.

Da las ich Anfang Mai 2009 eine Nachricht in meinem Chat bei Facebook von einer Frau (Tiana), die denselben Nachnamen wie ich hat und mich aufgrund Recherchen der Familienchronik kontaktierte. Sie wohnte quasi am anderen Ende der Welt in Südamerika und hatte durch ihren Ur-Großvater deutsche Wurzeln. Diese Anfrage von Tiana war absolut seriös, das erkannte ich sofort. Ich habe eine Familien-Chronik, die bis 1680 zurückgeht. Allerdings konnten wir dann bei unserem Schriftverkehr keine Gemeinsamkeiten in dieser Chronik finden. Unser Name ist zwar relativ selten und auch der Wohnort meines Ur-Großvaters und des Ur-Großvaters von Tiana waren der selbe, doch eine nahe Verwandtschaft gab es nicht.

Doch Tiana und ich kamen mehr und mehr zu sehr schönen Chats, so dass unser gegenseitiges Interesse zueinander wuchs.

Tiana war emotional nicht gebunden und ich ja auch nicht. Kurze Rede langer Sinn: Ich besuchte Tiana in dem fernen Land, in dem sie mir viel davon zeigte und auch viel von ihr. Die Liebe wuchs bei uns und schon Ende 2009 brach ich alle Zelte in Deutschland ab und wanderte zu ihr aus. Und in dieser Zeit dieses Umbruchs erwachten alte Kräfte in mir. All das was mit diesem Umzug und der Aufgabe meines hiesigen Daseins verbunden war, meisterte ich hervorragend und schnell.

In dem fernen Land erlebte ich nun einen wirklichen Neustart, in jeder Hinsicht. Tiana, die damals Anfang 40 war und ich erwarteten dann sogar bald Nachwuchs. Im Frühjahr 2011 wurde unser kleiner Sohn geboren. Wir entschieden dann schnell, dass unser Kind in Deutschland aufwachsen soll und brachen dann schon im März 2012 dort, im fernen Land, die Zelte ab. Nun wohnen wir beide zusammen mit unserem Kind glücklich und wirklich zufrieden in einem schönen Haus ganz in der Nähe unsere ursprünglichen Wurzeln – back tot he roots...

Ich will hier aber auch nicht unerwähnt lassen, dass ich in den ersten 2-3 Jahren mit Tiana hier und da auch meine Schwächen hatte – sicherlich keine Depressionen, doch meine Versagensängste und Verlustängste machten mir noch zu schaffen. Es brauchte einfach Zeit und Sicherheit, die mich nun wieder nahe zu meiner ursprünglichen Persönlichkeit gebracht haben...

Resümee

- Mehr als 10 Jahre versucht die Liebe und Ehe festzuhalten, sexuelle Exkursionen der Ehefrau toleriert...
- Erste Folgen: Unruhezustände, Schwitzattacken, erste Panikattacken, dissoziative Störungen.
- Ende der Ehe.
- Folgen: Depressionen.
- Beginn einer neuen, aber komplizierten Beziehung.
- Folgen: Bluthochdruck und Fortbestand der bestehen gesundheitlichen Probleme, Leistungsabfall in beruflicher Hinsicht.
- Verlust des Arbeitsplatzes, Arbeitslosigkeit, Scheidung, Suizid der Freundin.
- Folgen: tiefe Depressionen, Fortbestand der bestehenden gesundheitlichen Probleme, zusätzlich Migräneattacken, Verlustängste, Versagensängste.
- Therapien mit Psychologen und Heilbehandlungen in Kurkliniken.
- Folge: langsame Zurückgewinnung der mentalen Kraft.
- Umdenken in Hinsicht eigener Zukunft, Plan für Zurückgewinnung einer sozialen und finanziellen Sicherheit, Inanspruchnahme einer „Frührente", neuer Lebenspartner.
- Jetziger Zustand- negativ: keine Depressionen mehr, minimale Versagensängste, zurückgeblieben sind Migräneattacken und starke Probleme der Bewältigung von bürokratischen Tätigkeiten – positiv: Zurückgewinnung einer guten mentalen und körperlichen Stärke, Lebensglück und Zufriedenheit...

Schlusssätze

Was kann mein Fazit aus dem Erlebten sein, aus meinem Leben der letzten über 20 Jahre?

Sicherlich sind wir alle recht unterschiedlich „gestrickt". Viele unserer Eigenschaften entstehen in unseren ersten Lebensjahren. Von meiner Seite aus kann ich sagen, dass man sich in einer Ehe und auch in anderen Lebensbereichen, nicht auf Spielchen einlassen sollte, die das „Normale" überschreiten. Grenzen, über die du gehst, fordern Kraft und den Verlust von Energie. Fehlt dir Sicherheit, entsteht eine Basis für Krankheiten. Der Körper sucht sich Schwachstellen. Viele viele Krankheiten entstehen aufgrund psychosomatischer Probleme. Solltest du an einem Punkt sein, an dem vieles zerbricht – wie z .B. eine Ehe – stürze dich nicht gleich in etwas Neues. Gib dir Zeit Zeit Zeit und Geduld, die Dinge aus dem Leben, die dich dort hingebracht haben, wo du jetzt bist, zu verarbeiten. Gib dir Zeit, immer, etwas zu erkennen. Wissen macht sicherer, Wissen zeigt dir Wege, durch Wissen erkennst du mehr… und nehme dazu auch Hilfe an – Hilfe von qualifizierten Fachleuten.

Meine Gedichte aus der Zeit meiner Trennung von meiner Ehefrau

Du zählst zu mir – du zählst mich an.
Was gestern war, gilt heut´ nicht mehr.
Du gehst von mir und bleibst doch hier.

Zeiten verändern Zeiten
Zukunft ist Vergangenheit.
Die Gegenwart verliert ihr Dasein.

Was ist aus uns geworden?
Die Einheit aus Glück und glücklich sein.
Das Versprechen zum Leben ist gebrochen.

Zeiten verändern Zeiten.
Zukunft ist Vergangenheit.
Die Gegenwart verliert ihr Dasein.

Unser Weg in der Sackgasse.
Wir laufen gegen das Ende.
Die verlorene Liebe macht unsere Seele krank.

Zeiten verändern Zeiten.
Zukunft ist Vergangenheit.
Die Gegenwart verliert ihr Dasein.

Gibt es ein Zurück aus dem Schluss?
Siehst du die Vergangenheit – greif nach ihr -
Finde die Zukunft   - mit mir...?

Zeiten verändern Zeiten.
Vergangenheit ist Zukunft.
Die Gegenwart findet ihr Dasein.

25.09.2002

Tage ohne Licht.
Gefühle versinken in der Nacht.
Träume leben weiter -
Neue Wege werden geboren.

Ich habe dich verloren, als wir uns fanden.
Du hast dein Ziel erreicht und gehst zurück.
Du suchst die neue Liebe, du suchst ein neues Leben.

Was früher so normal war,
ist uns heute so fremd.
Kampf um Liebe hat unsere Liebe zerstört.
Warum? Warum? Warum?

Ich habe dich verloren, als wir uns fanden.
Du hast dein Ziel erreicht und gehst zurück.
Du suchst die neue Liebe, du suchst ein neues Leben.

Was zurück bleibt, sind Erinnerungen:
Geträumte Träume, gelebtes Leben.
Was kommt, ist der neue Tag, die neue Zeit
Was kommt, bist du...?

Ich habe dich verloren, ich hab dich gefunden.

Du hast mein Ziel erreicht und gehst mit mir.
Du bist meine neue Liebe, du bist mein neues Leben.

<u>26.09.2002</u>

Du sagst, du bist nicht die Frau für mich.
Du sagst, ich hätte ´ne andere verdient.
Du sagst, du kannst mir das nicht geben.
Du sagst, du kannst mich versteh´ n...?

30 Jahre in den Sand gebaut.
Liebe ist verbogen.
30 Jahre um dich gekämpft.
Liebe verloren.

Du hast Liebe verspielt.
Du hast Gefühle betrogen.
Du hast Vertrauen missbraucht.
Du hast Glück verschenkt.

30 Jahre in den Sand gebaut.
Liebe ist verbogen.
30 Jahre um dich gekämpft.
Liebe verloren.

Du willst deinen Weg alleine geh´ n.
Du gehst, um neue Ziele zu suchen.
Du willst mich für immer verlassen.
Du gehst ohne zurück zu sehn...

Weißt du noch, was früher war?

Weißt du noch, wer wir waren?
Weißt du noch, was heute ist?
Weißt du noch, wer ich bin?

30 Jahre in den Sand gebaut.
Liebe ist verbogen.
30 Jahre um dich gekämpft.
Liebe verloren.

27.09.2002

Ziele gesteckt, Zeiten geplant, Leben vertan /
Was gestern morgen war, ist heute da /
Ich steh´ mittendrin /
Eingeengt im Sein...

Halbzeit – Hoffnung in die Zukunft /
Halbzeit – Stillstand, ohne steh´n zu bleiben /
Wir wollen uns befreien...

Liebe gesucht, Wärme gefunden, Gefühle verloren /
Was gestern morgen war, ist heute da /
Ich steh´ mittendrin /
Wo bist du?

Halbzeit – den Schritt nach vorne tun /
Halbzeit – neue Welten suchen /
Wir wollen uns befreien...

Erfahrungen gesammelt, Orientierung gefunden, neues Leben mit dir /

Was gestern morgen war, ist heute da /
Ich steh mittendrin /
Wir haben uns befreit!

28. September 2002

Die Koffer warn gepackt /
10 Tage schon /
Hast den langen Abschied beendet /
Und alle Brücken abgelehnt --

Du spürst die Sehnsucht /
Die für dich Zukunft heißt /
Du träumst von mehr /
Und findest Einsamkeit --

Nun betrittst du deine neue Welt /
Wege verschmelzen ohne Ziel /
Zweifel von gestern /
Werden Zweifel von morgen --

Du spürst die Sehnsucht /
Die für dich Zukunft heißt /
Du träumst von mehr /
Und findest Einsamkeit –

Der Augenblick beendet die Ewigkeit /
Angst vor dem Morgen /
Deine Träume verblassen /
Haben Herzen zerrissen --

Du spürst die Sehnsucht /
Die für dich Zukunft heißt /
Du träumst von mehr /
Und findest Einsamkeit –

Herbert W. Rode

Inhaltsverzeichnis

www.ingramcontent.com/pod-product-compliance
Lightning Source LLC
Chambersburg PA
CBHW070351300526
45791CB00025B/2026